Delio â

B

gan Jane Lacey
Darluniau gan Venitia Dean

RILY

www.rily.co.uk

Cyhoeddwyd gyntaf yng Nghymru yn 2021
gan Rily Publications Ltd
Blwch Post 257, Caerffili CF83 9FL

ISBN 978-1-84967-560-4

Cyhoeddwyd gyntaf ym Mhrydain yn 2017 gan
The Watts Publishing Group
Is-gwmni i Hachette Children's Group
Carmelite House, 50 Victoria Embankment, Llundain EC4Y 0DZ
Un o gwmnïau Hachette UK
www.hachette.co.uk
www.franklinwatts.co.uk

Golygydd y Gyfres: Sarah Peutrill
Dyluniad y Gyfres: Collaborate
Addasiad: Testun Cyf.

Gwnaethpwyd pob ymdrech i glirio hawlfraint.
Os oes rhywbeth wedi'i hepgor yn anfwriadol,
cysylltwch â'r cyhoeddwr i wneud cais i'w gywiro.

www.rily.co.uk

Cynnwys

Cael fy ngadael allan	4
Beth yw bwlio?	8
Dwi'n cael fy mwlio oherwydd fy acen	9
Mae merched mawr yn fy mrifo i!	12
Mae fy ffrindiau yn bwlio	15
Maen nhw'n gwneud hwyl am ben fy nghinio!	19
Dwi wastad mewn helynt!	21
Mae fy ffrind yn bwlio'i frawd	24
Sut i gael help os wyt ti'n cael dy fwlio	27
Delio â bwlio: ein stori ni	28
Geirfa	30
Rhagor o wybodaeth	31
Nodiadau ar gyfer rhieni, gofalwyr ac athrawon	32
Mynegai	32

Cael fy ngadael allan

Dydy ffrindiau Beca ddim yn gofyn iddi hi ymuno â nhw erbyn hyn. Maen nhw'n dweud pethau angharedig wrthi. Pan fydd hyn yn digwydd, mae hi'n teimlo'n unig a'i bod yn cael ei gadael allan.

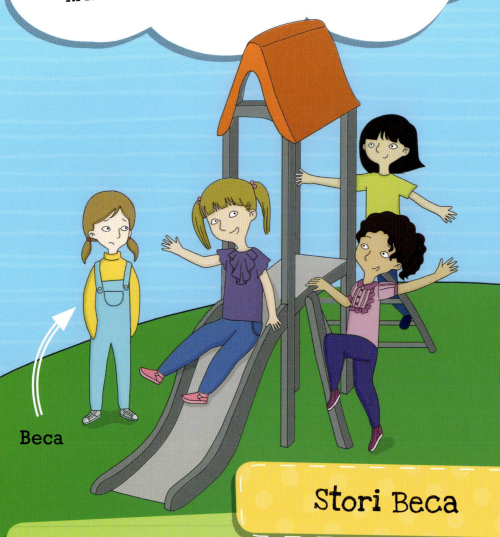

Beca

Stori Beca

Roeddwn i'n arfer chwarae gyda fy ffrindiau bob amser chwarae ac yn cael llawer o hwyl. Ond nawr, pan dwi'n gofyn iddyn nhw os gaf i chwarae hefyd, maen nhw'n dweud, "Chei di ddim chwarae gyda ni!"

Yn y dosbarth, mae fy ffrindiau'n chwerthin gyda'i gilydd ond dydyn nhw ddim yn dweud wrtha i pam maen nhw'n chwerthin. Does dim un ohonyn nhw'n gofyn i mi fynd i'w tai ar ôl ysgol fel roedden nhw'n arfer ei wneud. Dwi'n teimlo'n unig yn yr ysgol a gartref.

Ches i ddim gwahoddiad gan Alis i fynd allan i ddathlu'i phen-blwydd. Aeth fy ffrindiau i gyd i'r sinema ac aros dros nos yn nhŷ Alis hebdda i. Bues i'n crio drwy'r noson honno. Roeddwn i'n teimlo 'mod i wedi cael fy ngadael allan yn llwyr. Dwi ddim yn gwybod beth dwi wedi'i wneud o'i le!

Beth all Beca ei wneud?

Mae Beca heb wneud dim o'i le. Dydy ei ffrindiau hi ddim yn ymddwyn fel ffrindiau da. Gall hi:

★ siarad am y peth gyda'i hathro, ei mam neu ei thad neu ei chwaer fawr

★ meddwl am sut mae ffrindiau da yn ymddwyn:

– mae ffrindiau da yn garedig wrth ei gilydd.

– maen nhw'n rhannu gyda'i gilydd.

– maen nhw'n gwneud i'w gilydd deimlo'n hapus.

– maen nhw'n cael hwyl gyda'i gilydd.

Beth wnaeth Beca

Dywedais wrth Nia, fy chwaer fawr, am hyn. Gofynnodd hi i ddwy ferch yn fy nosbarth, Lea a Ceri, a gawn i chwarae gyda nhw. Maen nhw'n andros o garedig ac yn hwyl. Does dim ots gen i nawr os nad yw fy hen ffrindiau'n gofyn i fi ymuno â nhw. Dwi'n hapusach o lawer gyda fy ffrindiau newydd.

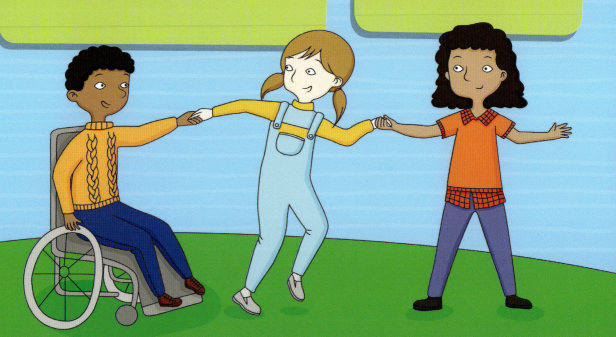

6

Doedd Beca, fy chwaer fach, ddim yn hapus. Doedd hi ddim eisiau mynd i'r ysgol. Gofynnais iddi beth oedd yn bod. Dywedodd hi nad oedd ei ffrindiau'n garedig wrthi. Dywedais i nad oedden nhw'n ffrindiau da.

Gofynnais iddi pwy yn ei dosbarth hi oedd yn garedig. Atebodd hithau fod Lea a Ceri yn neis. Felly helpais i hi i fod yn ffrind iddyn nhw. Dwi'n falch ei bod hi wedi siarad â fi er mwyn i fi allu ei helpu. Dydy hi ddim yn poeni am fynd i'r ysgol nawr.

Beth yw BWLIO?

Bwlio yw rhywun yn:

* dy wneud di'n anhapus ac yn meddwl ei fod yn ddoniol
* dy frifo'n fwriadol
* galw enwau arnat ti
* dwyn dy ffrindiau
* dy bryfocio ac yn gwrthod rhoi'r gorau iddi pan wyt ti'n gofyn iddyn nhw wneud hynny
* dwyn neu'n difrodi dy bethau di.

Dydy bwlio byth yn iawn. Does dim bai arnat ti o gwbl os wyt ti'n cael dy fwlio. Os wyt ti'n cael dy fwlio, paid â'i gadw'n gyfrinach. Dyweda wrth rywun sy'n gallu dy helpu i wneud rhywbeth i'w stopio.

Dwi'n cael fy mwlio oherwydd fy acen

Mae Siôn wedi symud o un rhan o'r wlad i ran arall. Mae'r plant yn ei ysgol newydd yn chwerthin am ben ei acen. Pan fydd hyn yn digwydd, dydy o ddim eisiau dweud dim byd.

Mae Amir yn nosbarth Siôn

Siôn yw'r bachgen newydd yn fy nosbarth. Mae pawb yn chwerthin am ben ei acen. Dydyn nhw ddim eisiau bod yn ffrind iddo – dim ond oherwydd ei fod yn wahanol! Hoffwn i fod yn ffrind iddo ond dwi'n poeni y bydd y plant eraill yn dechrau chwerthin am fy mhen i hefyd.

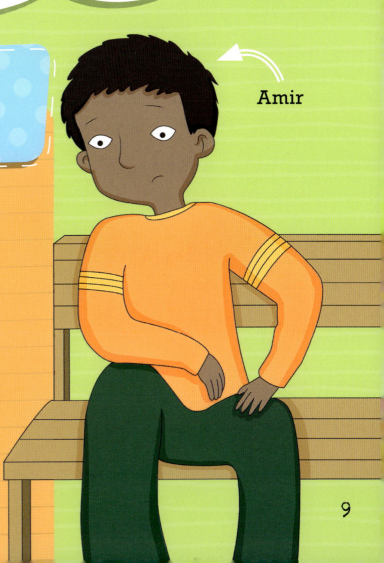

Amir

9

Stori Siôn

Roedd gen i lawer o ffrindiau yn fy hen ysgol. Yna cafodd Dad swydd newydd a symudon ni'n bell iawn.

Mae'r plant yn fy ysgol newydd yn fy mhryfocio am fy acen oherwydd ei bod yn wahanol i'w hacen nhw.

Bob tro dwi'n dweud rhywbeth, maen nhw'n fy nynwared i ac yn chwerthin! Felly nawr dwi ddim yn dweud dim byd os nad oes rhaid i mi. Dwi ddim yn hoffi bod yn destun sbort oherwydd fy acen, ond wnân nhw ddim rhoi'r gorau iddi.

Mae'n anodd gwneud ffrindiau newydd os wyt ti'n methu dweud dim!

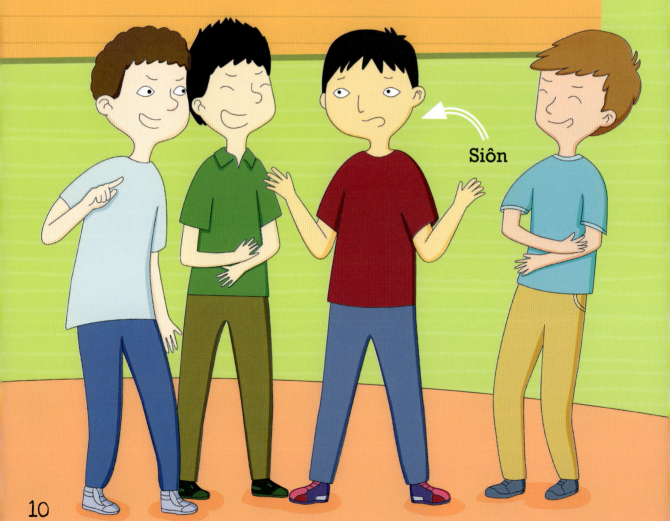

Siôn

Beth all Siôn ei wneud?

Cofia, does dim byd yn bod arno.
Gall Siôn wneud hyn:

★ dweud wrth ei rieni

★ dweud wrth ei athro

★ peidio ag ofni siarad.

Bydd y plant yn cael llond bol ar
ei ddynwared bob tro mae'n siarad.

Beth wnaeth Siôn

Dywedais i wrth Mam a chafodd hi air gyda fy athro. Soniodd
yr athro wrth y dosbarth am ba mor ddiflas y byddai'r ysgol
pe bai pawb yn union fel ei gilydd. Dywedodd 'mod i'n gwneud
y dosbarth yn llawer mwy diddorol! Buon ni'n trafod yr holl
ffyrdd y mae pobl yn gallu bod yn wahanol. Erbyn hyn does
neb yn fy nynwared i a dwi'n siarad fel pwll y môr!

11

Mae merched mawr yn fy mrifo i!

Mae dwy ferch hŷn eisiau chwarae gydag Elliw bob dydd. Maen nhw'n ei thrin hi fel doli fach. Ond maen nhw'n dychryn Elliw ac yn ei brifo hi weithiau.

Mai yw ffrind Elliw

Dydy Elliw byth eisiau mynd allan i chwarae. Mae hi eisiau aros i mewn a thacluso'r ystafell ddosbarth.

Pan fydd hi'n mynd allan, mae hi'n gafael yn llaw'r oedolyn sydd ar ddyletswydd. Hoffwn i be bai hi'n chwarae gyda fi!

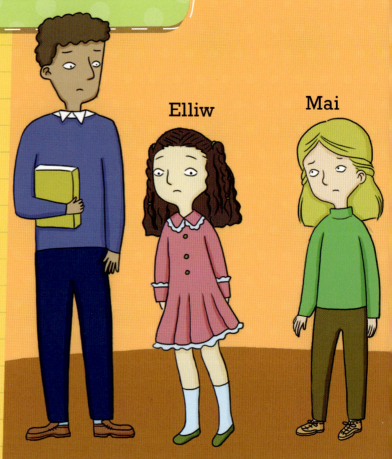

Elliw

Mai

Bob dydd yn yr ysgol, mae dwy ferch fawr yn aros amdana i ar yr iard. Maen nhw'n rhedeg ar fy ôl i ac yn fy ngoglais. Maen nhw'n fy nghodi ac yn fy siglo o gwmpas. Weithiau maen nhw'n fy ngwthio ac yn fy mwrw i.

Dydyn nhw ddim yn rhoi'r gorau iddi pan dwi'n gofyn iddyn nhw stopio. Dim ond gêm yw hi iddyn nhw ond dwi ddim yn ei hoffi. Os ydw i'n crio, maen nhw'n fy ngalw i'n fabi mam!

Os ydw i'n sôn am ddweud wrth fy athrawes, maen nhw'n fy nghyhuddo i o gario clecs!

Dydyn nhw ddim yn gadael i fi chwarae gyda fy ffrindiau fy hun. Mae gen i ormod o ofn mynd allan i chwarae.

Beth all Elliw ei wneud?

Cofia – os nad wyt ti'n cael hwyl, dydy hi ddim yn gêm. Gall Elliw wneud hyn:

* dweud wrth ei ffrind pam dydy hi ddim eisiau mynd allan i chwarae
* dweud wrth ei hathrawes
* dweud ei bod hi eisiau chwarae gyda'i ffrindiau a'i bod am i'r merched mawr adael llonydd iddi.

Beth wnaeth Elliw

Dywedais wrth fy ffrind, Mai, pam doeddwn i ddim eisiau mynd allan i chwarae. Atebodd hi, "Dwyt ti ddim yn fabi mam a dwyt ti ddim yn cario clecs."

Dywedon ni wrth fy athrawes am y merched mawr a chafodd hi air gyda nhw. Nawr mae'r oedolyn sydd ar ddyletswydd ar yr iard yn gwneud yn siŵr eu bod nhw'n gadael llonydd i fi. Dwi'n gallu chwarae gyda fy ffrindiau fy hun unwaith eto.

Mae fy ffrindiau yn bwlio

Mae ffrindiau Cadi yn bwlio plant eraill ac yn eu gwneud nhw'n anhapus. Mae hi'n gwybod dydy hynny ddim yn iawn, ond dydy hi ddim yn ceisio'u stopio. Weithiau mae Cadi yn bwlio gyda nhw hefyd. Un o'r plant maen nhw'n eu bwlio yw Lili.

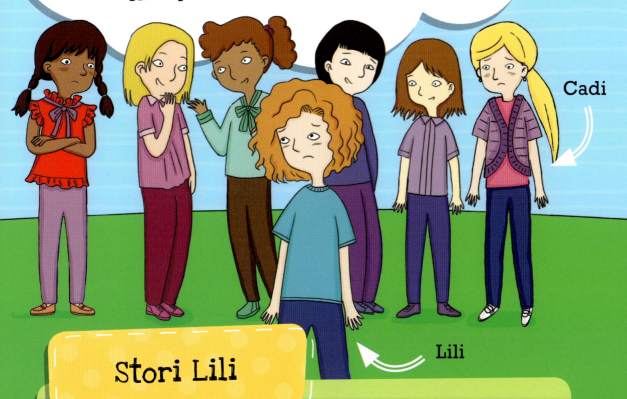

Cadi

Lili

Stori Lili

Daeth rhai o'r merched yn fy nosbarth i wybod fod gen i lau pen. Dywedon nhw wrth bawb. "Cadwch draw oddi wrth Lili, neu fe gewch chi lau pen!"

Roedd pawb yn cadw draw. Roeddwn i'n teimlo'n unig ac yn ddiflas iawn.

15

Mae pawb eisiau bod yn ein criw ni yn yr ysgol oherwydd ein bod ni'n cŵl iawn! Ond weithiau mae fy nghriw i'n bwlio plant eraill. Dwi ddim yn hoffi gwneud neb yn anhapus. Er 'mod i'n gwybod bod hyn yn angharedig, dwi'n bwlio gyda nhw oherwydd fel arall, mae'n bosib y bydden nhw'n fy mwlio i! Dwi eisiau aros yn rhan o'r criw.

Buon ni'n bwlio Lili oherwydd bod ganddi lau pen. Ond rydyn ni i gyd wedi cael llau pen cyn hyn. Doedd dim bai ar Lili!

Dwi'n gwybod nad yw bwlio pobl yn cŵl. Dwi eisiau rhoi'r gorau i fwlio ond dwi ddim yn gwybod sut mae gwneud.

16

Beth all Cadi ei wneud?

Gall Cadi wneud hyn:

* dweud wrth ei ffrindiau dydy hi ddim yn hoffi bwlio

* gwneud ffrindiau newydd os yw'r plant yn y criw eisiau dal ati i fwlio

* dweud wrth ei hathro beth sy'n digwydd.

Beth wnaeth Cadi

Dywedais i wrth y criw doeddwn i ddim yn mynd i fwlio neb eto. Roedden nhw'n flin ond roedd Amara yn cytuno â fi. Mae Amara a minnau'n ffrindiau gorau erbyn hyn. Dydyn ni ddim yn rhan o'r criw ac rydyn ni wedi gwneud ffrindiau newydd, fel Lili. Gyda'n gilydd, rydyn ni'n cadw ochr plant sy'n cael eu bwlio. Weithiau rydyn ni hyd yn oed yn chwarae gyda'r plant bach. Dydy bwlio ddim yn cŵl.

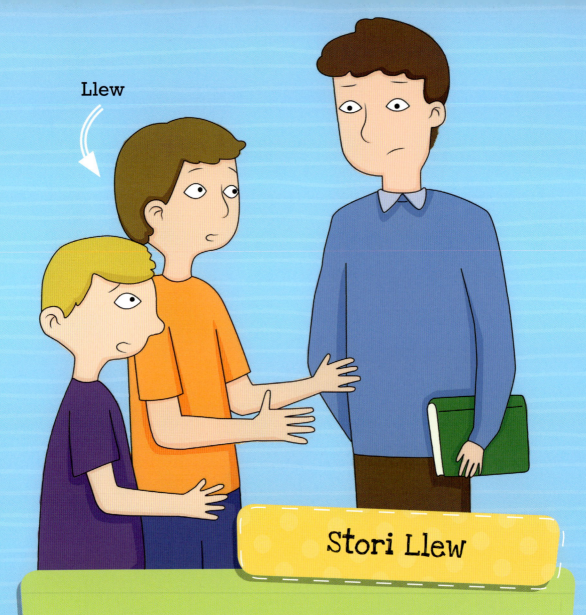

Llew

Stori Llew

Roedd fy ffrindiau'n mynnu pigo ar fachgen bach ar yr iard. Roedden nhw'n dweud mai dim ond tynnu coes roedden nhw. Ond pan ddechreuodd y bachgen bach ypsetio a chrio, wnaethon nhw ddim stopio. Ar y dechrau, wnes i ddim byd, ond roeddwn i'n teimlo'n wael. Er 'mod i heb ymuno â nhw, roeddwn i'n teimlo fel pe bawn i wedi bod yn ei fwlio hefyd.

Yn y pen draw, dywedais wrth fy ffrindiau am adael llonydd i'r bachgen bach. Es i ag o at yr athro a oedd ar ddyletswydd. Rhoddodd fy ffrindiau'r gorau i bigo arno ar ôl hynny.

Maen nhw'n gwneud hwyl am ben fy nghinio!

Stori Jade

Mae Mam yn coginio popeth ar gyfer fy mocs bwyd. Dydy hi ddim yn rhoi bwyd a diod i fi mewn pecyn a charton fel sydd gan bawb arall. Mae criw o blant yn gafael yn fy mocs bwyd bob dydd. Maen nhw'n ei agor ac yn dweud, "Pa sothach mae mam Jade wedi'i wneud iddi heddiw?"

Maen nhw'n gollwng fy nghinio ar y llawr. Weithiau, maen nhw'n ei daflu. Dwi'n llwglyd drwy'r amser a dwi'n dechrau mynd yn denau!

Mae'n gas gen i pan fydd pobl yn dweud pethau sarhaus am fy mam. Hoffwn i pe bai hi'n rhoi'r un bwyd i fi ag y mae pawb arall yn ei gael ond mae hi'n dweud nad yw bwyd felly'n gwneud lles i fi. Dwi ddim wedi dweud wrthi beth mae'r plant yn ei wneud i fy nghinio!

19

Beth all Jade ei wneud?

Gall Jade wneud hyn:

* bod yn falch bod ei mam gystal cogyddes a'i bod yn rhoi bwyd iach iddi
* dweud wrth ei mam beth sy'n digwydd
* dweud wrth ei hathro beth sy'n digwydd.

Beth wnaeth Jade

Ddywedais i ddim wrth fy mam ond fe wnes i ddweud wrth fy athro ac wedyn cawson ni drafodaeth am fwyd iach yn y dosbarth. Gwnaethon ni arddangosfa o fwydydd iach ac fe fuon ni'n blasu peth o'r bwydydd hefyd. Roedd rhywbeth at ddant pawb. Erbyn hyn, dydyn nhw ddim yn dweud pethau sarhaus am fy mwyd nac yn ei daflu.

Dwi wastad mewn helynt!

Roedd Ffion yn gwneud yn dda yn yr ysgol. Erbyn hyn, mae hi mewn rhyw helynt byth a hefyd. Mae hi'n cael marciau isel am ei gwaith. Dydy ei rhieni ddim yn deall beth sydd wedi digwydd.

Aisha

Aisha yw ffrind Ffion

Mae fy ffrind Ffion yn ysgrifennu storïau gwych ac yn gallu gwneud symiau anodd iawn yn ei phen.

Roedd hi'n arfer cael y marciau gorau ym mhob pwnc! Ond yn sydyn iawn, mae hi'n gwneud yn wael iawn. Am y tro cyntaf erioed, dywedodd ein hathrawes ei bod hi'n siomedig gyda'i gwaith.

Dwi ddim yn gwybod pam mae hi wedi newid.

Stori Ffion

Dwi'n hoffi gwneud gwaith da yn yr ysgol. Fi yw'r cyntaf i godi llaw i ateb cwestiwn ac mae fy atebion yn gywir.

Dwi'n cael llawer o sticeri gwên a sêr aur.

Ond yna dechreuodd rhai o'r plant fy ngalw i'n 'ffefryn' yr athrawes. Cuddion nhw fy llyfrau a thaflu fy mag ysgol i'r bin. Dywedon nhw y bydden nhw'n fy nghuro i os byddwn i'n sôn wrth neb. Erbyn hyn, dwi ddim yn gweithio'n galed nac yn codi fy llaw.

Maen nhw'n chwerthin am fy mhen i bob tro dwi mewn helynt – a dwi mewn helynt drwy'r amser!

Ffion

22

Dydy ildio i'r bwlis ddim yn gwneud Ffion yn hapus. Gall hi wneud hyn:

★ cofio does dim byd o'i le ar weithio'n galed a gwneud yn dda

★ dweud wrth ei ffrind Aisha pam mae hi'n cael marciau gwael

★ dweud wrth ei rhieni a'i hathrawes.

Beth wnaeth Ffion

Soniais i wrth Mam a Dad am y bwlis. Siaradon nhw â fy athrawes. Dywedon nhw i gyd y dylwn i fod yn falch o wneud yn dda.

Felly dechreuais i weithio'n galed ond roedd y bwlis yn waeth nag o'r blaen!

Felly dywedais i wrth fy athrawes – eto.

Dwi ddim yn gwybod beth wnaeth hi, ond yn sydyn, rhoddodd y bwlis y gorau i fy mwlio. Dwi'n falch eu bod nhw heb ennill.

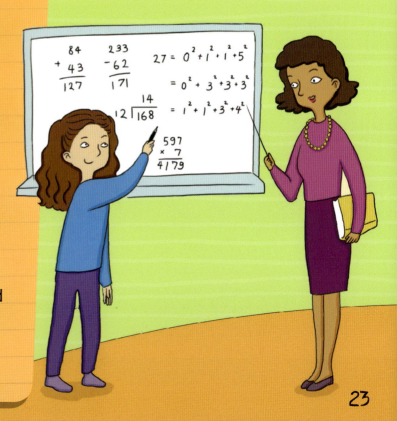

Mae fy ffrind yn bwlio'i frawd

Mae Cian, fy ffrind, yn bwlio'i frawd bach, Twm. Mae Cian yn boblogaidd iawn yn yr ysgol. Mae pawb eisiau bod yn ffrind iddo a fo yw fy ffrind gorau i. Mae'n neis iawn gyda fi – ond mae'n gas iawn wrth Twm. Weithiau mae hyd yn oed yn ei frifo ac yn gwneud iddo grio.

Mae'n gwneud hynny pan dydy ei rieni ddim yno. Mae'n gwneud i Twm addo peidio â dweud wrthyn nhw. Mae'n union fel pe bai'n ddau berson gwahanol – Cian y ffrind da a Cian y bwli o frawd mawr.

Hoffwn i pe bai o'n trin Twm yn well.

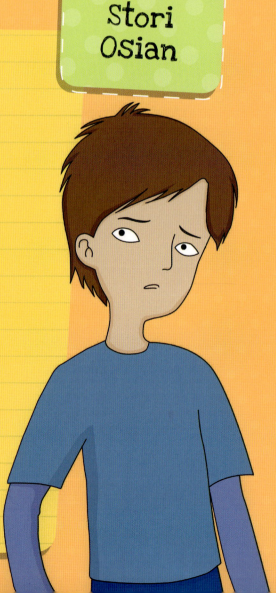

24

Beth all Osian ei wneud?

Gall Osian wneud hyn:

* dweud wrth Cian ei fod yn angharedig wrth ei frawd
* gofyn i Cian ystyried sut mae Twm yn teimlo
* bod yn neis wrth Twm pan fydd yn nhŷ Cian a chadw'i ochr.

Beth wnaeth Osian

Dywedais i wrth Cian 'mod i'n meddwl ei fod yn gas iawn wrth Twm. Trïais i ofalu nad oedd Cian yn bwlio Twm pan oeddwn i yno. Roedd Cian yn flin wrtha i. Dywedodd fod Twm yn boen a'i bod hi'n iawn i fi, doeddwn i ddim yn gorfod byw gyda Twm. Ond erbyn hyn, mae o wedi dechrau bod yn fwy caredig wrtho felly dwi'n falch iawn 'mod i wedi dweud rhywbeth.

Hei, Cian, rwyt ti'n gas iawn wrth Twm.

25

Stori Cian

Am amser hir, roeddwn i'n unig blentyn. Yna daeth Twm i'r byd. Roedd Mam a Dad yn rhoi eu holl gariad a'u sylw iddo. Roeddwn i'n difaru bod Twm erioed wedi cael ei eni ac eisiau i bethau fod fel roedden nhw o'r blaen. Doeddwn i ddim yn sylweddoli 'mod i'n bwlio Twm nes i Osian wneud i mi feddwl. Dwi ddim yn hoffi bwlis!

Beth bynnag, does dim bai ar Twm. Nawr 'mod i'n trin Twm yn fwy caredig, dydy o ddim yn gymaint o boen!

Sut i gael help os wyt ti'n cael dy fwlio

Os wyt ti'n cael dy fwlio, galli di deimlo'n unig iawn. Os wyt ti'n siarad â rhywun, bydd yn gallu dy helpu di. Gallet ti siarad â dy fam neu dy dad neu oedolyn arall yn dy deulu, dy frawd, dy chwaer neu ffrind i ti.

Bydd polisi ynghylch bwlio gan dy ysgol, felly gallet ti siarad â dy athro neu dy athrawes.

Mae'n bosib dy fod di'n credu mai dim ond gwneud pethau'n waeth fyddet ti wrth ddweud wrth rywun. Os felly, galli di:

★ ffonio Childline
★ ymweld â gwefannau (dos i dudalen 31).

Cofia, dydy bwlio byth yn iawn. Does dim rhaid i ti ei ddioddef.

Delio â bwlio: ein stori ni

Roedd Jaco yn arfer bwlio Aron, er eu bod nhw'n ffrindiau.
Roedd Aron yn ofni Jaco.

Aron: Pan ddechreuais yn yr ysgol, daeth Jaco a fi'n ffrindiau. Ar y dechrau, roeddwn i'n falch iawn o gael ffrind.

Jaco: Doedd gen i ddim ffrindiau achos 'mod i'n fwli! Doedd Aron ddim yn gwybod hynny oherwydd ei fod o'n newydd.

Aron: Ar y dechrau, roedd pob dim yn wych. Roedden ni'n chwarae gyda'n gilydd yn yr ysgol ac yn ein cartrefi.

Jaco: Dechreuais i fwlio Aron. Roeddwn i'n ei orfodi i wneud popeth ro'n i'n ei ddweud. Dywedais y byddwn i'n ei guro pe bai'n dweud wrth rywun arall neu'n peidio â bod yn ffrind i fi.

Aron: Roedd Jaco yn fy nychryn i. Roeddwn i eisiau stopio bod yn ffrind iddo ond doeddwn i ddim yn gwybod sut oedd gwneud. Felly, dywedais i wrth Mam a Dad.

Jaco: Daeth rhieni Aron draw at fy rhieni i drafod y ffaith 'mod i'n bwlio Aron. Roeddwn i'n grac iawn. Meddyliais i – dwi'n mynd i ddial ar Aron am hyn!

Aron: Roeddwn i'n falch 'mod i wedi dweud wrth Mam a Dad ond roeddwn i'n ofni y byddai Jaco yn dial arna i, yn union fel yr oedd wedi addo'i wneud pe bawn i'n sôn wrth neb.

Jaco: 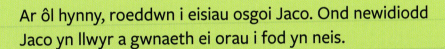 I wneud pethau'n waeth, siaradodd fy rhieni â fy athrawes! Dywedodd hi wrtha i mai'r unig reswm roedd Aron yn ffrind i fi oedd oherwydd ei fod yn fy ofni i. Gwnaeth hi fy ngorfodi i ymddiheuro wrth Aron. A phe bawn i'n dial arno, dywedodd y byddai hi'n siŵr o glywed.

Aron: Ar ôl hynny, roeddwn i eisiau osgoi Jaco. Ond newidiodd Jaco yn llwyr a gwnaeth ei orau i fod yn neis.

Jaco: Doeddwn i ddim eisiau bwlio plant i fod yn ffrindiau gyda fi eto. Roeddwn i eisiau ffrindiau go iawn a oedd yn fy hoffi go iawn. Felly roedd yn rhaid i mi fod yn neisach!

Aron: Cymerodd hi ychydig o amser, ond erbyn hyn mae Jaco a fi'n ffrindiau eto. Mae gan y ddau ohonon ni ffrindiau eraill hefyd. A'r peth gorau oll yw, dydy Jaco ddim yn fwli erbyn hyn a dwi ddim yn cael fy mwlio.

Geirfa

Angharedig

Rwyt ti'n angharedig pan fyddi di'n gwneud neu'n dweud rhywbeth sy'n gwneud rhywun arall yn anhapus.

Balch

Rwyt ti'n teimlo'n falch pan fydd rhywbeth rwyt ti wedi'i wneud yn dy blesio ac rwyt ti'n hapus i bobl eraill wybod amdano.

Bwlio

Bwlio yw rhywun yn dy frifo di neu'n dy wneud di'n anhapus yn fwriadol.

Criw

Criw o ffrindiau yw grŵp o blant sy'n mynd o gwmpas gyda'i gilydd ac yn chwarae gyda'i gilydd.

Cyfrinach

Pan fydd gen ti gyfrinach, rwyt ti'n cadw rhywbeth i ti dy hun ac yn peidio â sôn amdano wrth neb.

Ildio

Rwyt ti'n ildio i rywun pan maen nhw'n gwneud i ti wneud rhywbeth dwyt ti ddim eisiau ei wneud.

Poblogaidd

Pobl poblogaidd yw'r rhai sydd â llawer o ffrindiau ac mae pawb yn eu hoffi.

Polisi

Set o syniadau a rheolau yw polisi. Mae polisi bwlio yn nodi beth ddylai ddigwydd os oes unrhyw un yn cael ei fwlio yn yr ysgol.

Rhannu

Rwyt ti'n rhannu pan fyddi di'n dweud pethau wrth bobl eraill neu'n rhoi pethau i bobl eraill ac yn peidio â chadw pethau i ti dy hun.

Unig

Galli di deimlo'n unig pan does gen ti ddim llawer o ffrindiau ac rwyt ti'n treulio llawer o amser ar dy ben dy hun.

Rhagor o wybodaeth

I blant

www.childline.org.uk
Llinell gymorth: 0800 1111

Llinell gymorth am ddim i blant yn y Deyrnas Unedig yw Childline. Galli di drafod unrhyw broblem â rhywun a bydd yn dy helpu i'w datrys. Mae'r gwasanaeth ar gael yn Gymraeg – chwilia am 'Cymraeg' ar y wefan.

www.kidshealth.org/kid/feeling/emotion/bullies.html
Gwybodaeth am sut i ddelio â bwlis.

www.kidscape.org.uk
Gwefan sy'n helpu i atal bwlio.

www.meiccymru.org/cym/sut-ymdopi-gyda-bwlio
Llinell gymorth: 080880 23456
Testun: 84001

Gwybodaeth am sut i ymdopi â bwlio. Mae Meic yn wasanaeth llinell gymorth i blant a phobl ifanc yng Nghymru.

I rieni

www.familylives.org.uk
Llinell gymorth i rieni:
0808 800 2222

Mae Family Lives yn cynnig cyngor, arweiniad a chefnogaeth i rieni sy'n pryderu am eu plant. Mae'r adran 'Bullying UK' yn cynnig cyngor i rieni plant sy'n cael eu bwlio yn yr ysgol.

★ **Nodyn i rieni ac athrawon:**
Mae'r cyhoeddwyr wedi gwneud pob ymdrech i sicrhau bod y gwefannau a nodir yn y llyfr hwn yn addas i blant, eu bod o'r gwerth addysgol uchaf ac nad ydynt yn cynnwys unrhyw ddeunydd amhriodol na sarhaus. Fodd bynnag, oherwydd natur y rhyngrwyd mae'n amhosibl gwarantu na fydd cynnwys y safleoedd hyn yn cael ei newid. Rydym yn cynghori'n daer fod oedolyn cyfrifol yn goruchwylio plant pan maen nhw'n defnyddio'r rhyngrwyd.

Mynegai

anhápus 10, 16

athrawon 11, 13, 14, 18, 20, 23, 27, 29

bod yn fwli 15–16, 17, 25, 26, 27, 28, 29

bwlio, mathau o 6, 8, 9, 13, 17, 19, 22, 24, 30

dweud wrth rywun 6, 7, 8, 11, 14, 17, 20, 23, 25, 27

criwiau 16, 17, 30

rhieni 11, 19, 20, 21, 23, 27, 28, 29, 31

teimlo'n ofnus 12, 13, 28

unig 4, 5, 15, 27, 30

wedi dy adael allan 4, 5

Nodiadau i rieni, gofalwyr ac athrawon

Pan fydd plant yn cael eu bwlio, mae angen cefnogaeth oedolion arnyn nhw i'w helpu i ddelio â hyn. Ond maen nhw'n aml yn amharod i sôn am y broblem. Mae iselder, diffyg hunan-werth a chanlyniadau gwael yn yr ysgol yn gallu bod yn arwyddion eu bod yn cael eu bwlio.

- Gall oedolion chwilio am arwyddion bod plentyn yn cael ei fwlio.
- Mae angen i blant wybod nad ydyn nhw ar fai eu bod yn cael eu bwlio.
- Dylid cymryd bwlio o ddifrif bob amser.
- Mae ofni gwneud pethau'n waeth yn gallu atal plant rhag sôn wrth neb.

Mae angen iddyn nhw wybod ei bod hi'n well dweud wrth oedolyn, a fydd yn gweithredu os oes angen.

Tudalen 4 Stori Beca

Mae Beca yn teimlo'n unig ac yn cael ei gadael allan o'i grŵp o ffrindiau yn yr ysgol.

- Mae gwybod beth sy'n gwneud ffrind yn ffrind da yn gallu helpu plant i ddewis eu ffrindiau'n ddoeth a bod yn ffrind da i blant eraill.

Tudalen 10 Stori Siôn

Mae Siôn yn drist oherwydd bod y plant yn ei ysgol newydd yn chwerthin am ei ben oherwydd ei fod yn wahanol.

- Mae deall nad oes dim byd o'i le ar fod yn wahanol yn gallu helpu plant i werthfawrogi pobl eraill a rhoi hwb i'w hunanhyder.

Tudalen 13 Stori Elliw

Mae Elliw yn ofni mynd allan i chwarae yn yr ysgol oherwydd bod plant mwy yn ei bwlio.

- Mae angen ymyrraeth effeithiol gan oedolyn ar blant os ydyn nhw'n cael eu bwlio gan blant mwy.

Tudalen 16 Stori Cadi

Mae ffrindiau Cadi yn bwlio. Mae hi'n gwybod na ddylai hi ymuno â nhw, ond dydy hi ddim yn gwybod sut i stopio.

- Mae oedolion yn gallu dweud yn glir bod bwlio yn annerbyniol a byth yn cŵl a chefnogi plentyn sydd eisiau rhoi'r gorau i fwlio.

Tudalen 19 Stori Jade

Mae Jade yn cael ei bwlio oherwydd ei bod yn dod â bwyd iach i'r ysgol i'w fwyta amser cinio.

- Does dim byd o'i le ar fod yn wahanol; er enghraifft drwy fwyta bwyd iach. Mae oedolion yn gallu helpu i fynd i'r afael â'r bwlis ac amddiffyn unrhyw blentyn sy'n wahanol.

Tudalen 22 Stori Ffion

Mae Ffion yn gwneud yn wael yn yr ysgol yn fwriadol fel nad yw plant eraill yn ei galw'n 'ffefryn' ei hathrawes.

- Mae'n anodd i blant herio bwlis ar eu pennau eu hunain. Mae oedolion yn gallu cefnogi plant a'u helpu i beidio ag ildio i fwlis.

Tudalen 24 Stori Osian

Dydy Cian ddim yn sylweddoli ei fod yn bwlio'i frawd bach.

- Mae plant yn gallu bod yn fwlis heb sylweddoli hynny. Gall oedolyn dynnu sylw at beth maen nhw'n ei wneud a'u helpu i newid eu hymddygiad.

Tudalen 28 Sgript ymarfer, stori Jaco ac Aron

Gallai plant berfformio'r rhannau yn y sgript ymarfer syml hon ac wedyn trafod beth sy'n digwydd i bob cymeriad, gan gynnwys ceisio dyfalu pam oedd Jaco yn fwli a beth roedd hynny'n ei wneud i'w berthynas â'i ffrindiau.